VENTE

Après décès de M. R.

HOTEL DROUOT, SALLE N° 8

Le Mardi 10 Juin 1884

OBJETS D'ART

TABLEAUX MODERNES

MOBILIER

COMMISSAIRE-PRISEUR

Me P. CHEVALLIER, *10, rue Grange-Batelière.*

EXPERTS

M. Ch. MANNHEIM | **M. B. LASQUIN**
7, rue St-Georges, 7. | *12, rue Laffitte, 12.*

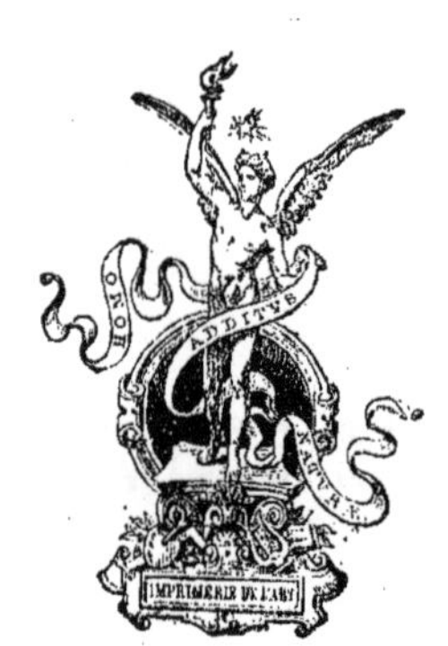
IMPRIMERIE DE L'ART

CATALOGUE

DES

OBJETS D'ART

Faïences italiennes, de Delft et autres
Porcelaines anciennes — Sculptures — Bronzes
Miniatures — Tabatières — Bijoux

TABLEAUX MODERNES

DESSINS ET AQUARELLES

PAR

Anastasi, Baron, Boudin, Courbet, K. Daubigny, Diaz, Hanoteau, Ch. Jacque
Pasini, Pils, Richet, Vollon, Ziem

MOBILIER COURANT

POUR SALON, CHAMBRE A COUCHER, SALLE A MANGER

Dépendant de la Succession de M. R.

DONT LA VENTE AURA LIEU

HOTEL DROUOT, SALLE N° 8

Le Mardi 10 Juin 1884, à 2 heures précises

COMMISSAIRE-PRISEUR

Mᶜ **PAUL CHEVALLIER**, 10, rue Grange-Batelière.

EXPERTS

M. CHARLES MANNHEIM | **M. B. LASQUIN**
7, rue Saint-Georges, 7 | 12, rue Laffitte, 12

Chez lesquels se trouve le catalogue.

EXPOSITION PUBLIQUE : Le Lundi 9 Juin 1884

DE UNE HEURE A CINQ HEURES

CONDITIONS DE LA VENTE

La vente aura lieu expressément au comptant.

Les acquéreurs payeront en sus des enchères *cinq pour cent* applicables aux frais.

L'exposition mettant le public à même de se rendre compte de l'état des objets, il ne sera admis aucune réclamation une fois l'adjudication prononcée.

Paris. — Imp. de l'Art, J. Rouam, 41, rue de la Victoire.

DÉSIGNATION

ANASTASI

1 — *Vue de Hollande ; soleil couchant.*

Fine qualité du maître.

BARON

(H.)

2 — *Jeune Femme cueillant des fleurs.*

BOUDIN

3 — *Sur la jetée.*

BROWN

(J. L.)

4 — *Cavalier Louis XV*.

Aquarelle.

BELLANGÉ

(H.)

5 — *Retour de l'Ile d'Elbe*.

Esquisse à la sépia.

CARESME

6 — *Le Montreur d'ours*.

Plume et aquarelle.

COCK

(CÉSAR DE)

7 — *La Saulaie*.

CHARLET

8 — *Un Postillon.*

Dessin rehaussé.

CHARPENTIER

9 — *Piqueur au galop sous bois.*

BELINA (CHONÉ)

10 — *Pot de fleurs.*

COURBET

11 — *Marée basse.*

DAUBIGNY
(KARL)

12 — *La Seine près de Mantes.*

DECAMPS

13 — *Garde-chasse à cheval.*

Dessin.

DIAZ

14 — *Vénus et l'Amour.*

Signé et daté 1849.

GALLARD-LEPINAY

15 — *Venise.*

GAVARNI

(Attribué à)

16 — *Un Débardeur.*

Dessin rehaussé,

GRANVILLE

17 — *Les Bains Deligny.*

Joli croquis à la plume et au crayon.

GUIGOU

(PAUL)

18 — *Les Laveuses.*

GUILLAUMET

19 — *En route pour le marché.*

Femme orientale assise sur un âne chargé de volailles.

HANOTEAU

20 — *Les Pêcheurs à la ligne.*

JACQUE
(CH.)

21 — *Bergère gardant des moutons près d'un bouquet d'arbres et non loin d'une chaumière.*

Très finement peint.

MONNIER
(H.)

22 — *L'Aubergiste.*

Aquarelle.

PASINI

23 — *Halte d'une caravane près d'une oasis.*

PILS

24 — *Buste de sapeur.*

Jolie étude.

POELEMBURG

25 — *Baigneuses près d'une source.*

Signé des initiales.

RICHET

(LÉON)

26 — *Mare dans une clairière.*

REYNAUD

27 — *Un Lazzarone.*

SERVIN

28 — *Marine.*

Étude.

VOLLON

(A.)

29 — *Bouquet de fleurs dans un pot de grès émaillé vert.*

Signé à la pointe.

*

WATTIER

30 — *Réunion près d'une fontaine.*

YVON

31 — *Femme russe.*

Dessin à la plume.

ZIEM

32 — *Le Quai des Esclavons, à Venise.*

ÉCOLE MODERNE

33 — *Vaches dans un pré.*

Paysage dans le genre de Corot.

ÉCOLE FRANÇAISE

34 — *Femme en costume du Directoire jouant
avec un chien.*

ÉCOLE FRANÇAISE

35 — *Offrande au dieu Pan.*

Gouache sur vélin.

———

GRAVURES

36 — *Portrait de Samuel Bernard,* par Dre-
vet, d'après Rigaud.

Cadre Louis XV, sculpté.

37 — *L'Élévation en croix.*

Gravure d'après Rubens.

38 — Gravures diverses et photographies.

FAIENCES ITALIENNES ET DE PERSE

39 — URBINO. — Coupe ronde sur pied bas représentant Apollon et les Muses.

40 — URBINO. — Coupe ronde sur pied bas, à lobes en spirales et à bord festonné, représentant l'Enlèvement des Sabines.

41 — CASTEL-DURANTE. — Joli plat (dit cuppa amatoria), décoré au centre d'une tête de guerrier en camaïeu bleu sur fond ocre, la bordure offre des dauphins, des oiseaux et des animaux chimériques enroulés, réservés sur fond gros bleu.

42 — GUBBIO. — Plat rond (forme dit cuppa amatoria), décor à reflets métalliques irisés et rouge rubis, offrant au centre le mot *Viva* sur un listel et au bord un entourage en palmettes formant rosace.

43 — DERUTA. — Petit plat rond, décor à reflets métalliques offrant au centre un buste de femme de profil, à gauche, entouré d'un bandeau circulaire imbriqué. La bordure est décorée d'une rosace rayonnante et de boules.

44 — CASTELLI. — Petit plat offrant au centre un
sujet de plusieurs figures en costumes ro-
mains et au bord quatre figures d'anges
dans des ornements.

45 — CASTELLI. — Deux petits plats représentant
des enfants bergers jouant du flageolet.

46 — CASTELLI. — Plaque rectangulaire représentant un paysage avec rivière.

47 — URBINO. — Salière carrée reposant sur quatre
sphinx ailés ornant les angles.

48 — Coupe ronde sur pied bas en faïence
moderne, à reflets, représentant un sujet
mythologique.

49 — CASTELLI. — Plaque rectangulaire représentant des pâtres faisant boire leurs bestiaux
dans une rivière près de ruines.

50 — FABRIQUE DE RHODES. — Plat rond, décoré en
bleu rouge et vert, d'une rosace au centre.

51 — Bouteille en ancienne faïence persane, à
panse surbaissée, décor à reflets mordorés,
à bandes d'œillets au pourtour.

FAÏENCES DE DELFT

52 — Deux petites plaques oblongues et à contours
en ancienne faïence de Delft, décor polychrome à fleurs, figures chinoises et oiseaux.

53 — Plaque de même forme mais plus grande,
décor polychrome à paysages, fleurs et
ornements.

54 —. Plaque ovale, décorée d'un paysage en camaïeu
bleu avec encadrement formé de fleurs
polychromes en bas-relief.

55 — Porte-huilier, à décor en bleu, rouge et or.

56 — Petite gourde de forme aplatie et à côtes,
décor cachemire à fleurs et ornements. Collection du Dr Mandl.

57 — Flacon à thé de forme carrée et à angles
coupés, décor polychrome à fleurs et ornements sur fond noir et médaillon, bustes en
regard de la princesse Anne et du prince
Guillaume. Collection Mandl.

58 — Assiette à décor de style japonais en bleu,
rouge et or, à fleurs et ornements. Collection
Boulanger.

59 — Deux animaux couchés : vache et chèvre.

60 — Statuette de Mercure debout.

61 — Grappe de raisin formant boîte, sur plateau en
forme de feuille.

FAIENCES DIVERSES

62 — Sucrier à saupoudrer, en ancienne faïence
de Rouen, à décor bleu.

63 — Salière, en forme de piédouche, de même
faïence, à décor bleu et rouille. Collection
Lefrançois.

64 — Petite coupe ronde, à deux anses, en ancienne
faïence de Nevers, à fond bleu marbré de
blanc.

65 — Plat rond, en ancienne faïence, de Bernard
Palissy, représentant, en bas-relief, le sujet
de Persée délivrant Andromède.

66 — Deux assiettes en faïence du Midi, l'une con-
tient des olives, l'autre des fruits variés, en
ronde bosse.

67 -- Corbeille ovale, en faïence de Marseille, à décor polychrome.

68 -- Diverses assiettes en faïence de Strasbourg et autres.

PORCELAINES

69 — Groupe en ancienne porcelaine de Saxe : Uranie.

70 — Autre petit groupe de même porcelaine : Fleuve et rivière.

71 — Petit groupe en vieux Saxe : Enlèvement.

72 — Quatre figurines variées en vieux Saxe.

73 — Petite bouteille en céladon bleu turquoise.

74 — Deux petits vases en vieux Chine, décorés en émaux de la famille verte et garnis en cuivre doré.

75 — Compotier en vieux Chine, décoré d'une figure de cavalier polychrome en costume militaire européen du temps de Louis XIV.

76 — Deux sucriers en vieux Japon, en deux dimensions, à décor en bleu, rouge et or.

77 — Cafetière en vieux Saxe, décorée de jeux d'enfants.

78 — Salière ovale en vieux Saxe, supportée par quatre consoles à têtes de femmes.

79 — Deux bouteilles en vieux Japon, à décor de fleurs en bleu, rouge et or.

80 — Flacon à thé en ancienne porcelaine de Frankenthal, à médaillons de paysages et ornements.

81 — Buire en vieux Chine, à décor bleu, de style persan.

82 — Petit pot à anses, avec plateau en vieux Saxe, à fleurettes gaufrées en relief.

83 — Théière et plateau en vieux Chine, à fleurs en relief et à décor polychrome.

84 — Trois pièces japonaises : flacon en poterie, porte-fleurs en porcelaine, à décor polychrome, et figurine en Satzuma.

85 — Gourde aplatie en porcelaine de Chine, à
fond bleu.

SCULPTURES ET BRONZES

86 — IVOIRE. — Petit groupe du xv° siècle : la
Vierge assise allaitant l'Enfant Jésus.

87 — IVOIRE. — Statuette : le Christ à la colonne

88 — IVOIRE. — Deux bas-reliefs, l'un, sans fond,
représente le Christ assis et écrivant;
l'autre, le Christ en croix. xv° siècle.

89 — IVOIRE. — Groupe de deux figures : Atlas et
Hercule soutenant la boule du monde.

90 — IVOIRE. — Saint Michel terrassant le monstre.

91 — IVOIRE. — Saint Jean assis sur un rocher
décoré de figures et d'animaux.

92 — MARBRE TENDRE. — Le Christ mort couché.

93 — MARBRE BLANC. — Médaillon ovale, sculpté en
bas-relief et représentant une offrande à
Priape.

94 — MARBRE BLANC. — Petit buste de bacchante.

95 — TERRE CUITE. — Groupe de deux figures :
Psyché et l'Amour.

96 — TERRE CUITE. — Ébauche par Simon (1868) :
Vénus et Amour.

97 — Bas - relief rectangulaire représentant un
buste d'homme encadré par deux cornes
d'abondance soutenues par deux centaures.
Italie, xvi⁰ siècle.

98 — Plaquette en bronze représentant Hercule
vainqueur d'Antée. Signée : O. Moderni.

99 — Petit groupe de trois figures en bronze, sujet
mythologique.

100 — MARBRE BLANC. — Flore debout, d'après l'an-
tique.

101 — Groupe en bronze par A. Carrier : Léda et le
cygne.

102 — Deux petits bustes de bacchantes en bronze.

103 — Petit groupe de deux figurines d'enfants en
marbre blanc.

MINIATURES

104 — Miniature ronde sur ivoire, signée : *Gender,
1783*. Portrait de jeune femme vêtue d'un
corsage bleu et d'un chapeau de paille.

105 — Miniature ovale sur ivoire, signée : *Vestier
pinxit 1782*. Portrait de femme vêtue d'un
corsage rose avec un collet vert. Cadre en
bronze doré.

106 — Miniature ovale sur ivoire. Portrait de femme
vêtue de bleu, les cheveux retenus par un
ruban rose. Cadre en bronze doré.

107 — Deux miniatures ovales dans un même cadre,
signées : *Collas. 1809*. Portrait d'un souve-
rain étranger portant un costume militaire,
et portrait de femme, les cheveux retenus par
un diadème de perles.

108 — Deux miniatures ovales sur ivoire, par Augus-
tin. 1809. Portraits d'homme et de femme.

109 — Miniature ronde en grisaille et sur ivoire.
Jeux d'enfants.

110 à 112 — Huit miniatures diverses : Portraits
d'hommes et de femmes. (Ce lot sera divisé.)

113 — Petite miniature ovale : portrait de femme,
les cheveux ornés d'un bouquet de roses.

TABATIÈRES

114 — Petite boîte oblongue et à pans en jaspe san-
guin, montée en filigrane d'argent doré.

115 — Boîte ronde en poudre d'écaille bleue incrustée
de bandes d'or et galonnée d'or. Le dessus
est orné d'une médaille d'argent qui fut
frappée à l'occasion du mariage de Louis XVI
et de Marie-Antoinette. Collection Boitelle.

116 — Boîte ronde en écaille galonnée d'or. Le
dessus est orné d'une miniature portrait de
femme. Époque Louis XVI.

117 — Boîte oblongue en émail de Battersea à fond
bleu, médaillons de paysages et encadre-
ments dorés.

118 — Boîte de forme contournée en argent, ornée
d'une peinture sur émail représentant Beth-
sabée au bain. Collection Mackenzie.

119 — Boîte ovale en argent à étoiles et ornements
dorés sur fond gravé à mille raies.

120 — Petite boîte Louis XVI en cuivre gravé et
doré.

121 à 123 — Six boîtes diverses ornées de miniatures. (Ce lot sera divisé.)

124 — Boîte carrée en nacre gravée, montée à cage
en argent.

125 — Boîte à deux tabacs en forme de commode,
en émail de Battersea à fond bleu et médaillons de personnages en camaïeu rose.

126 — Deux autres boîtes émaillées sur cuivre à
sujets variés.

127 — Autre boîte émaillée avec dauphin en relief.

128 — Trois boîtes rondes dont deux en ivoire et
une en verre à décor d'or sur fond rouge.

BIJOUX

129 — Montre du temps de Louis XVI, à répétition,
en or ciselé, ornée d'un médaillon peint sur
émail et représentant une jeune fille d'après
Greuze.

130 — Montre Louis XV en or à cuvette unie. Mouvement de Berthoud.

131 — Montre en or émaillé. La cuvette représente des jeux d'enfants sur fond bleu.

132 — Jolie mosaïque de Rome, signée Agnatti : Hibou attaquant un chevreau.

133 — Petite coupe ovale en cristal de roche, montée en argent doré.

134 — Trois mosaïques de Florence, représentant des paysages avec figures.

MEUBLES

135 — Cabinet du Tonkin, en bois dur incrusté de burgau.

136 — Cabinet analogue.

137 — Cabinet analogue.

MOBILIER

138 — Meubles de salon : Meubles d'entre-deux en
bois noir et bronze ; canapés, fauteuils et
chaises en palissandre et damas ; guéridon
et table jeu en palissandre.

139 — Chambre à coucher en palissandre.

140 — Salle à manger en noyer à filets noirs.

141 — Vitrine en bois noir.

142 — Tapis, rideaux.

143 — Ustensiles de ménage.

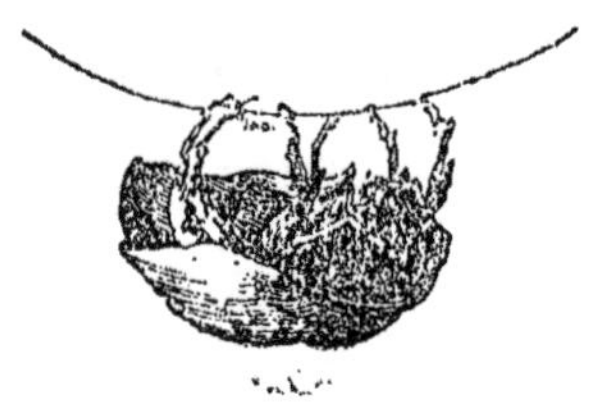